Tics olympiques

tempo

ISBN : 978-2-74-851353-0

Roland Fuentès

Tics olympiques

SYROS

Pour Franck Esposito,
Christophe Kalfayan,
Karine Brémond
et... Alain Bernard

Au collège, on m'appelle «le sapin». Ou «Noël», même si mon véritable prénom c'est Julien.

Ça vient de mes yeux, qui clignent en permanence. La plupart des gens ne me supportent pas cinq minutes en face d'eux. Ils disent que je les rends nerveux.

Je claque aussi la langue. Elle s'enroule sur elle-même jusqu'à ce qu'une espèce de clapotement s'échappe de ma bouche. Autour de moi fleurissent des grimaces acides, les regards me lancent de la foudre.

– Devant la télé, t'es un spectacle à toi tout seul! me répète Michel, mon grand frère, qui doit coiffer un casque pour ne pas m'entendre.

– C'est le suspense, faut pas m'en vouloir, je lui réponds.

Les séries policières et les épreuves sportives me mettent dans un état impressionnant : je clignote comme un stroboscope et je clapote comme un marigot.

Le pire, c'est quand je pars en compétition de natation : je deviens une vraie mitraillette. Je clignote dans le bus, dans le vestiaire, à la chambre d'appel. C'est seulement pendant l'épreuve que mes tics s'interrompent. Au moment du plongeon, ils restent sur le plot de départ. Je me sens léger, libéré de cet attirail encombrant. J'ai l'impression de voler. Mais dès le mur d'arrivée, ils me retombent dessus. Quand je sors de l'eau, me voilà de nouveau transformé en sapin.

Mes camarades d'Aubagne Natation ne se moquent jamais de moi. Il existe dans notre groupe une solidarité que l'on ne retrouve dans aucune classe. Sans doute parce que cette activité, contrairement au collège, n'a rien d'une contrainte. Si l'envie d'arrêter nous venait, personne ne nous imposerait de continuer en proclamant : « Le sport est obligatoire jusqu'à seize ans ! »

Se rendre chaque soir à l'entraînement et en baver ensemble dans le seul but de grappiller quelques centièmes de seconde sur nos records, ça nous donne l'esprit d'équipe.

D'ailleurs, aux compétitions, on soutient tout le monde. On s'égosille, on pousse des cris bestiaux, des « Yoooh ! », des « Aaalleeeeeeeez ! », des « Pour Aubagne : hip ! hip ! hip ! hourrah ! ». On se crèverait les yeux plutôt que de laisser un copain prendre le départ sans lui avoir procuré sa ration d'encouragements.

En cours, personne ne crie jamais de cette façon lorsqu'un camarade passe au tableau...

L'anxiété, maman dit que j'ai hérité ça d'elle. Elle se ronge toujours les sangs inutilement. Pour mon «petit cou» qui risque d'attraper froid, pour papa lorsqu'il rentre tard, pour la météo... N'empêche : elle n'a pas de tics. Ou alors un seul, et je ne sais même pas si on peut appeler ça ainsi : quand elle lit sur le canapé du salon, elle aime bien se tortiller une mèche de cheveux avec le bout de l'index. Toujours la même. Celle qui, à force, frise complètement. En tout cas, si c'en est un, il est plus élégant que les miens...

J'ai déjà essayé de remplacer les tics les plus visibles par des plus discrets. Des mouvements spéciaux avec les doigts, mains dans les poches, ou avec les orteils, histoire que ça ne se voie pas. Hélas, ça n'a détrôné ni les clignements d'œil ni les claquements de langue. Au contraire ! Après quelques essais, ils sont revenus de plus belle, accompagnés d'autres variétés assez folkloriques : hochements de tête, caresses de l'épaule avec le menton ou avec l'oreille...

Ça consterne papa que je sois esclave de ces singeries, comme il dit. Quand il m'entend clapoter, il lève les yeux au ciel et soupire : « Oh, punaise de punaise ! »

Sinon, ce n'est pas un papa embêtant. Il pratique le détachement absolu par rapport à plein de choses de la vie. Il bosse pour un journal intitulé *Le Veilleur*, une feuille de chou un peu anarchiste qui critique la société de consommation. Papa est toujours en train de réfléchir et, parfois, une exclamation lui échappe. Certainement des bouts de pensées qui se baladent dans sa tête. Un « Ah ! les cons ! », ou encore des « Oh, oh, ben voyons ! ». Il pense que la plupart de nos comportements sont dictés par une logique capitaliste et que nous sommes des moutons. Récemment, il a publié un article sur les combinaisons de natation. Selon lui, il s'agit d'une arnaque commerciale.

– On va réussir à convaincre tout le monde d'acheter une combinaison à 400 euros parce qu'un maillot à 25, ça n'est pas assez cher!, il dit en faisant tournoyer son index comme un lasso.

Il n'a pas tout à fait tort, même si, à mon âge, je ne suis pas encore obligé d'investir dans une combinaison pour que mes chronos s'améliorent.

J'ai toujours eu des tics. Personne ne sait d'où ça vient. Quand j'ai eu neuf ans, les parents m'ont fait consulter un médecin à Marseille, un spécialiste des maladies nerveuses. Durant tout l'examen, je me suis efforcé de retenir mes gestes parasites ; j'avais une peur affreuse que le docteur m'enferme pour tenter des expériences horribles sur moi, comme on voit dans les films. Mais je n'ai pas pu m'empêcher de me toucher l'oreille avec l'épaule, de hocher la tête comme Oui-Oui et, bien sûr, de clignoter comme un sapin de Noël.

À l'issue de l'examen, le médecin a pris une grande inspiration, il a regardé mes parents bien en face.

– Alors? a demandé maman, avec sa voix des jours d'anxiété.

Je m'attendais à ce que le docteur prononce mon arrêt de mort, mais il a juste dit:

– Ne vous tracassez pas. Votre enfant ne souffre ni de toc ni d'hyperactivité. Il est juste un peu stressé.

– Stressé? Mais pourquoi, et par qui? ont demandé mes parents en ouvrant des yeux ronds.

Le médecin a souri, rassurant:

– Nous ne sommes pas tous égaux face aux petites contrariétés de la vie. Certains d'entre nous produisent des réactions excessives là où d'autres ne bronchent même pas. Le caractère de chacun est un mystère que nous n'aurons jamais fini d'élucider. Quoi qu'il en soit, je ne vois rien de très inquiétant chez votre fils. Ça lui passera.

À ce moment, le docteur s'est tourné vers moi, et il m'a tapoté l'arrière du crâne.

– Mon garçon, quand ces petites manies viennent te turlupiner, envoie-leur un grand coup de pied aux fesses!

Même si, à l'époque, je n'ai pas vraiment compris ce qu'il voulait dire avec son histoire de coup de pied aux fesses, ses paroles sont restées gravées dans mon esprit. Et c'est maintenant que je réalise ce qu'elles signifient : il n'y a que moi qui puisse mettre de l'ordre dans tout ça. Je ne suis pas attaqué par un microbe, ni victime d'une maladie nerveuse. C'est dans ma tête que tout se passe. Les tics sont une espèce de superstition, un besoin d'être en accord avec moi-même en accomplissant des rituels qui me rassurent. En effectuant chaque geste, je me dis souvent que c'est la dernière fois, qu'après j'arrête. Comme un fumeur avec sa dernière cigarette ou un alcoolique avec son dernier verre. Et puis en réalité je n'arrive jamais à décrocher.

J'ai toujours l'impression de devoir quelque chose à quelqu'un. De ne jamais assez bien faire. Pourtant, je ne suis en échec nulle part. Ni au collège ni à la maison : papa et maman ne sont pas si exigeants, comparés aux parents des copains.

Mon cher frangin prend un malin plaisir à répéter :

– Dans le ventre de maman, déjà, tu gigotais à cause de tes tics. Et en écoutant bien, on t'entendait même clapoter !

Michel, c'est pas le mauvais bougre mais il n'a pas inventé le tact. Il dit que, niveau filles, rien d'étonnant à ce que je n'obtienne aucun succès :

– Avec tes yeux, frérot, tu devrais en faire tomber plus d'une ! Seulement tu les ouvres jamais assez pour qu'elles les voient...

Avant, je lui en voulais. Je lui reprochais de me bloquer. Je le rendais même responsable de mon anxiété. Lui, et aussi les autres au collège, ceux qui ont eu la bonne idée de me surnommer « le sapin ». Et puis, j'ai réalisé que je devais me secouer. Accuser les autres de tous mes malheurs ne m'aiderait pas à m'en sortir. Aussi, j'ai décidé d'agir. Cet été. Pendant les jeux Olympiques de Pékin.

Ça n'a pas été évident de convaincre les parents. Au lieu de la colo habituelle dans les Alpes, je leur ai annoncé que je préférais rester à la maison... Malgré la stupeur de maman, et ses arguments pour m'inciter à changer d'air, je n'ai pas fléchi.

C'est que j'ai déterminé le moment idéal pour régler cette affaire : la première semaine des JO. Je resterai seul toute la journée ; les parents bosseront et Michel sera en vadrouille avec ses copains de fac, quelque part en Espagne. En face de moi, j'aurai la télé, et une épreuve impressionnante : les finales olympiques de natation. Encore plus stressant qu'un film à suspense ! Avec, entre autres, le brasseur Hugues Duboscq et surtout Alain Bernard, le héros de mon quartier. Le grand garçon blond qui vient rendre visite à ses parents (ils habitent l'immeuble d'en face), quand il s'échappe de son centre d'entraînement à Antibes. Formé ici, c'est aujourd'hui un grand espoir de la natation française. À Aubagne, depuis quelques jours, son portrait orne les réverbères avec en dessous l'inscription :

ALAIN, ON EST TOUS AVEC TOI !

D'ordinaire, une compétition télévisée me fait crépiter comme un sapin desséché dans un incendie. Même si j'accepte (théoriquement) d'être seul responsable de mon comportement, ça m'arrange par moments d'imaginer qu'il y a quelqu'un d'autre sous mon crâne, un semblant de Julien, pénible, machiavélique, acharné à me pourrir la vie. Ça me disculpe, ça me permet d'en vouloir à quelqu'un. Je crois que j'ai un besoin terrible de me sentir toujours innocent. Le soir, du plus profond de mon traversin, je le traite de tous les noms. Ça me défoule. Mais lui, ça le fait juste ricaner.

Cette fois-ci, ce sera lui ou moi. L'occasion rêvée pour en terminer définitivement avec ces tics qui m'empoisonnent l'existence.

Jeudi 7 août, 13h35

Dans vingt-quatre heures et trente-trois minutes très exactement, débutera la cérémonie d'ouverture des jeux Olympiques de Pékin. Maman m'a demandé de l'enregistrer.

La cérémonie d'ouverture, c'est ce qu'elle préfère dans les JO. Elle les collectionne toutes depuis Barcelone, 1992. Elle se les repasse de temps en temps et s'émerveille chaque fois sur les costumes, les couleurs, les feux d'artifice, les mouvements d'ensemble de figurants, puis elle verse sa petite larme lorsque la flamme olympique est allumée.

Quant aux JO proprement dits... maman ne fait pas la différence entre un 400 mètres haies et un 3000 mètres steeple. Et, question natation, elle parle encore de «brasse papillon» alors que ça n'existe plus depuis un demi-siècle!

Il me reste pas mal de choses à régler d'ici le début des épreuves de natation (samedi, 12h30). Je pense surtout aux «comptages»: les comptages, ce ne sont pas des tics à proprement parler, mais des manies que j'ai, destinées à me tranquilliser, dont personne ne soupçonne l'existence, à part moi.

Ces comptages, je les effectue le matin, seul dans ma chambre. C'est à cause d'eux que j'arrive toujours en retard au collège en habitant à deux cents mètres. Il y a d'abord le comptage des paires de chaussettes dans mon armoire. Après ça, je la referme et je l'ouvre à nouveau. Pour vérifier que les chaussettes n'ont pas disparu. Ensuite je colle mon nez sur la vitre et compte les voitures garées sur le parking du collège. Le dimanche matin ça va assez vite, mais en semaine, forcément, avec les voitures des profs, ça prend plus de temps. Et ça me met souvent en retard...

Pour la durée des épreuves olympiques de natation (neuf jours), j'ai réussi à négocier un truc extraordinaire avec mon anxiété: je vais mettre de côté des paquets de tics déjà tout préparés. Ce sera un peu long, mais en effectuant les rituels neuf fois aujourd'hui (un pour chaque journée olympique de natation), j'espère m'en dispenser jusqu'à la fin des épreuves. Bien entendu, cette dérogation ne vaudra que pour les rituels matinaux. Inimaginable de négocier une avance de clignements ou de clapotements. J'aurais trop à faire !

D'habitude, maman m'autorise à regarder la télé trois quarts d'heure par jour, exceptionnellement plus le samedi soir. Selon elle, ça abrutit et rend obèse. Si j'ai pu arracher l'autorisation pour les JO, c'est grâce à la natation.

Toute une histoire, la natation ! Maman m'a inscrit au club l'année de mes huit ans pour m'imposer une activité loin du petit écran. Les premiers temps, je barbotais deux fois par semaine en regrettant de louper mes séries préférées. Et puis, grâce aux camarades du club et à Alain Bernard, notre modèle, je me suis pris au jeu. J'ai même fini par ressentir un réel plaisir physique. La douceur de l'eau qui glisse sur tout le corps tandis qu'on avance, comme en volant, dans un univers en apesanteur... Une sensation que ne peuvent connaître ceux qui voient dans nos longueurs de bassin des allers-retours monotones.

Cette année, je m'entraîne tous les soirs. Je suis devenu un accro du chlore, pour la plus grande joie de maman qui a vu la télé reléguée au rang de gadget.

La natation, ça m'a surtout montré qu'il existait un domaine où, malgré mes tics, je pouvais me sentir à mon aise et même rivaliser avec les meilleurs (la preuve : ma médaille d'argent au 100 mètres brasse aux championnats des Bouches-du-Rhône garçons douze ans).

Tout ça ne serait pas arrivé si maman ne m'avait pas obligé. Aussi, cet été, elle serait peu crédible en m'interdisant les jeux Olympiques : c'est elle qui m'a mis la tête dedans...

Parmi les camarades du club, tous n'auront pas la chance de voir les Jeux.

Louis, notre champion de Provence du 100 mètres papillon catégorie treize ans, n'a pas brillé au collège cette année. Pour le punir, ses parents lui ont non seulement interdit de regarder les JO, mais aussi d'acheter *L'Équipe* et de visionner les résultats sur Internet. À la place, il devra s'envoyer des cahiers de devoirs de vacances !

Annabelle ne regardera pas non plus les JO à la télé. Elle, elle les regardera en vrai, à Pékin, avec ses parents. Dans la famille d'Annabelle, le sport, c'est quelque chose de sérieux.

– Une philosophie de la vie ! affirme son père, président de notre club.

Puisque maman ne peut plus m'interdire le petit écran, et que je serai beaucoup à la maison, elle a exigé que je me rende utile pour la famille. Dans un sens, ça la rassure. Elle s'imagine que ça s'est mal passé pour moi en colo, à cause de mes tics. Ça m'arrange un peu qu'elle le pense, même si ce n'est pas tout à fait vrai. J'ai rencontré des idiots qui se sont payé ma tête, bien sûr, mais aussi d'autres enfants sympas qui me considéraient presque comme quelqu'un de normal. L'année dernière, un gros costaud surnommé la Beigne s'était mis en tête de casser la gueule à ceux qui se moquaient de moi. Durant tout le séjour, la Beigne est resté collé à mes basques, persuadé d'accomplir une mission importante.

Je ne sais pas trop ce que papa pense de tout ça. Si mes petits rituels ne nous mettaient pas si souvent en retard (j'ai constamment quelque chose à régler dans ma chambre au moment où la famille m'attend pour partir), il dirait même «amen» à tout ce que je fais. Il demande juste qu'on le laisse en paix devant son ordi. Il peut y rester des heures, des soirées entières, une main sur la souris, l'autre caressant son bouc grisonnant. Quand il n'écrit pas des articles pour son canard, il surfe, dialogue, télécharge des musiques, des films, et se visionne ça pendant qu'autour de lui la maison vit sa vie.

– J'ai épousé un homme virtuel! se lamente maman.

Papa rit. Certains jours, j'ai l'impression que, si on l'abandonnait, il ne s'en apercevrait pas.

Vendredi 8 août, 14 h 08

La cérémonie d'ouverture débute. Je la regarde en épluchant des patates pour préparer une purée maison. L'histoire de la Chine défile, symbolisée par des tableaux grandioses. Ce soir, en visionnant l'enregistrement, maman s'extasiera face à l'explosion des couleurs et au fourmillement des figurants.

D'habitude, quand j'épluche, j'observe un rituel bien particulier : je retiens ma respiration pendant toute une patate, puis j'expire par petits coups avant d'attraper la suivante. Comme si, pour m'autoriser à respirer, je devais accomplir des épreuves, être en règle avec ma conscience pour chaque goulée d'air. Ça demande pas mal de concentration.

Seulement cette fois, c'est différent. La cérémonie, c'est le début de mes Jeux à moi. Un petit combat préliminaire. Je suis bien décidé à en découdre avec le Julien maniaque, le Julien jamais satisfait, perfectionniste, pointilleux, enquiquineur, qui demande à se rassurer en permanence. D'ailleurs, j'en arrive à la cinquième patate sans avoir retenu mon souffle. Encourageant !

À la sixième patate, c'est plus fort que moi, je coupe ma respiration. Pourtant le spectacle valait le coup : neuf cents danseurs effectuaient une figure géante évoquant l'invention des caractères d'imprimerie. Il faut croire que l'autre Julien n'a aucun goût pour les chorégraphies...

Je me concentre sur mon souffle. Il doit être calme, le plus fluide possible. Poumons détendus. Souples !

Ça va bien encore pendant quelques pommes de terre. À la télé, des dragons gigantesques composés de centaines de figurants ondulent à une cadence hypnotique. Et puis, à la dixième patate, mon ennemi me prend par surprise. Crispation inopinée du diaphragme, poumons bloqués...

Je suis cuit. À chaque nouvelle patate, je dois éplucher comme un automate avant de pouvoir respirer ! Mes oreilles commencent à bourdonner. J'ai l'impression d'entendre, dans le fond de mon crâne, un ricanement insupportable.

À la vingt-cinquième pomme de terre, je redeviens enfin maître de ma respiration. Je crie « Ouaouh ! » et aussi « Yeah ! ». Ce n'est peut-être pas un exploit grandiose, mais tout de même une petite victoire.

Sur la table devant moi s'élève une montagne d'épluchures... Qu'est-ce que je vais bien pouvoir concocter avec vingt-cinq pommes de terre ? Pour trois personnes, ça risque de faire beaucoup...

22h25

Soirée en famille : maman contemple la cérémonie d'ouverture en frisant sa mèche de cheveux, papa fixe son ordi dans le blanc des yeux et moi, installé dans ma loveuse en osier, j'achève une BD que Louis m'a prêtée.

Avant de m'endormir, je ne passerai pas en revue les trente-trois nageurs de l'équipe de France comme je le fais chaque soir depuis trois mois. Premièrement, parce que ce ne sont pas des moutons. Deuxièmement, parce que je rêve de m'offrir une victoire, une vraie cette fois, sur l'autre Julien.

Samedi 9 août

J'y suis presque arrivé !

Hier soir, en me concentrant sur ma respiration et en restant plongé dans l'univers de ma lecture, j'ai attendu que le train du sommeil passe me prendre. À l'intérieur de mes paupières, des picotements se sont manifestés, mon esprit s'est engourdi. J'aurais réussi du premier coup si, profitant d'une seconde de déconcentration, le visage d'Alain Bernard n'était apparu sur mon écran mental avec son sourire lumineux et son regard volontaire. Aussitôt, comme une mécanique bien huilée, mon esprit s'est mis à compter : un ! Ensuite, le visage de Laure Manaudou s'est imprimé dans l'obscurité : deux !

Puis celui d'Hugues Duboscq : trois ! Amaury Leveaux : quatre ! La brèche était ouverte, tous les nageurs français se pressaient derrière. Il fallait que j'oriente mes pensées dans une autre direction, mais laquelle ?

Un miaulement rauque m'a fait sursauter : Groucho, le matou du quartier, pourchassait les souris au pied de l'immeuble. Son image a instantanément accaparé toute la place sur mon écran mental. Groucho est un chat horrible, ébouriffé, sale, impossible à caresser. Le matou de gouttière dans toute sa splendeur. N'empêche, je n'avais jamais été si heureux de l'entendre : grâce à lui, je tenais ma diversion ! J'ai décidé de me remémorer chaque fois où je l'avais vu depuis son apparition dans le coin, voici quatre ans.

Tactique improvisée mais payante ! Avec Groucho, le sommeil m'a emporté loin de ma chambre, loin de mon quartier, loin de Pékin et de mes athlètes favoris.

12 h 30

Début du programme olympique ! J'applique la méthode suivante : laisser mes tics sur le plot de départ et vivre intensément chaque course. Comme si c'était moi qui nageais.

Durant les premières séries, ça ne fonctionne pas trop mal. Je me choisis un favori, j'inspire un bon coup juste avant le *start* et, durant l'épreuve, mes tics la mettent en veilleuse. Bon, quelques clignements m'échappent et aussi un hochement de tête de loin en loin, mais enfin c'est beaucoup mieux qu'en temps normal.

Le choix du favori ne me pose guère de problème. C'est soit un Français, soit un nageur que je trouve sympathique, soit un outsider que je soutiens envers et contre tout.

Arrivent les séries du 100 mètres brasse et le premier espoir pour l'équipe de France, avec Hugues Duboscq, le nageur du Havre médaillé de bronze à Athènes en 2004, puis en 2005 aux championnats du monde de Montréal.

La brasse requiert une technique parfaite, un mouvement réglé au millimètre : grand ciseau de jambes pour acquérir une poussée maximale, bras tendus en avant comme une planche (ou comme une « pointe de flèche », répète Momo, notre entraîneur), puis traction de bras très puissante juste avant de perdre la vitesse acquise durant la poussée.

Après les championnats du monde de 2005, le mouvement d'Hugues Duboscq s'est déréglé. Il a galéré pendant deux ans pour le retrouver. Il a nagé des milliers de kilomètres. Maintenant, il a de nouveau apprivoisé *son* mouvement, celui qui convient parfaitement à son corps. Et la confiance est revenue. Hugues est prêt. Moi aussi.

Pour cette épreuve-ci, il me faut le zéro faute : aucun clignement d'œil, aucun claquement de langue. Un 100 mètres brasse à ce niveau-là, ça dure moins d'une minute. *A priori*, rien d'insurmontable.

Les concurrents de la neuvième et dernière série se présentent. Dans les séries précédentes, plusieurs nageurs ont signé des chronos impressionnants ; la qualification en demi-finale ne sera pas aisée. Pas grave. Hugues et moi, on n'est pas là pour s'amuser.

Les huit nageurs se mettent en place. Au sifflet du starter, ils s'élancent.

« Très bonne réaction sur le plot de départ pour Hugues ! » commente avec enthousiasme Sophie Kamoun, une ancienne nageuse devenue consultante d'Eurosport.

Je ne cligne pas, ne remue ni l'épaule ni le menton. Je suis bien dans l'épreuve. Au sixième mouvement de bras, le téléphone sonne. Hugues Duboscq continue, je décroche...

Lorsque je porte le combiné à mon oreille, mes paupières clignent, mes dents se resserrent : je suis sorti de ma course.

La voix de Louis me demande ce que je fais.

– Je regarde les séries du 100 brasse.

– J'en étais sûr ! Veinard... Moi, mes parents ont débranché la télé. Je suis plongé dans les devoirs de vacances : trois heures le matin, deux l'après-midi. Ils ont même embauché ma grand-mère pour me surveiller !

J'ai beaucoup de peine pour Louis, mon meilleur camarade à l'entraînement, toujours là pour me remonter le moral pendant les périodes difficiles. Et, avec ça, doué ! Surtout en papillon. Un style incroyable, à la fois puissant et léger. Ses bras interminables propulsent son grand corps (il mesure déjà un mètre quatre-vingts) avec une glisse parfaite, sans éclaboussure inutile. Quand je le vois nager, je ne vois plus de la natation, j'ai l'impression qu'il écrit un poème sur l'eau.

Seulement aujourd'hui, poésie ou pas, Louis me fait rater la série d'Hugues Duboscq. Et mon premier combat sérieux avec les tics.

– Ça en est où, là ? il demande, un peu gêné par mon silence.

– Duboscq vient de nager.

– Et alors ?

– Ben, j'ai loupé sa course vu que le téléphone a sonné !...

– Excuse... Je pouvais pas savoir.

– Pas grave, je marmonne. J'irai voir les résultats sur Internet.

– Tu me les donneras?

– Si tu veux.

Je raccroche sans plus de formules. Je ne sais pas ce qui me frustre le plus : avoir loupé l'épreuve de Duboscq ou la mienne?

Comme les séries étaient programmées en journée, je n'avais pas pris la peine de les enregistrer. J'ai dû pianoter sur Internet pour apprendre la qualification en demi-finale de mon brasseur préféré, record de France à la clé. En ce qui concerne mon épreuve, malheureusement, tout est remis à plus tard.

En tout cas, cette mésaventure m'aura décidé : dorénavant, j'enregistre tout. Même les séries programmées à l'heure française.

Dimanche 10 août, 09 h 15

Ce matin, les parents sont allés à La Ciotat chez leurs vieux amis de fac, les Berdier. Des gens ennuyeux au possible ! Toujours d'accord avec papa pour critiquer les sportifs, qui n'ont « pas grand-chose entre les deux oreilles », ou « guère plus de trois neurones », et autres banalités très beaufs... J'ai pu négocier de rester à la maison en promettant de faire le ménage, le point faible de maman.

Si l'appartement ressemblait à ma chambre, ce serait déjà réglé. Chez moi, rien ne traîne jamais nulle part, même les grains de poussière !

Quand le frangin y met les pieds, il déprime :

– Pouah ! Le malaise ! C'est pas une chambre de garçon, ça ! Ni tee-shirt sale ni tiroir éventré. Pas la moindre paire de chaussettes en cavale. Tu veux savoir, mon p'tit Ju ? Ta chambre, c'est un tombeau !

Dans les autres coins de la maison, en revanche, c'est peut-être plus « vivant » mais ça laisse parfois à désirer... Quand des invités sont attendus, l'anxiété de maman se réveille. C'est une anxiété en hibernation. Elle peut rester plusieurs jours endormie mais, lorsqu'elle émerge, ça fait beaucoup de bruit : maman récure les plats, astique l'évier, passe l'aspirateur dans tous les coins... Même papa – chose rare – délaisse son ordi quelques minutes pour mettre le couvert. Et puis, une fois les invités partis, la discipline domestique se relâche. Casseroles et assiettes sales peuvent se fossiliser pendant trois jours au bord de l'évier sans que personne y touche.

Papa et maman affirment qu'on vit très bien sans lave-vaisselle ; c'est leur façon à eux de se rebeller contre la société de consommation. Seul problème : ils n'assument pas...

Ce matin, je m'attaque au plan de travail. Depuis la visite des voisins, avant-hier, plats et assiettes s'empilent dangereusement, verres et couverts ont émigré sur les étagères – j'ai même retrouvé des tasses à café sales dans le tiroir à serviettes...

10h15

Et maintenant, pensons au repas ! Il reste seize pommes de terre cuites. Mais pas de viande. Donc, pas de quoi me concocter un hachis Parmentier. Ni des patates à la crème puisqu'il n'y a pas non plus de crème fraîche. Il ne reste même plus de beurre ! Maman doit faire les courses demain en rentrant du boulot.

OK, pour le recyclage des patates, on avisera plus tard. À midi, ce sera riz blanc avec un demi-camembert fondu en guise de râpé. Et au dessert, yaourt. Pas très ambitieux comme menu, mais bon, à douze ans, avec un frigo vide, on ne peut pas concurrencer un grand chef.

11h00

Le moment de vérité approche. Hugues Duboscq va-t-il décrocher sa qualification pour la finale du 100 brasse ? Et moi, réussirai-je à ne pas flancher pendant la course ?

J'allume la télé et j'enclenche le DVD enregistré pendant la nuit, c'est-à-dire en matinée en Chine – les finales ayant lieu alors qu'il fait nuit en Europe, pour permettre aux Américains de les voir à une heure pratique...

– C'est énorme ! s'est exclamé papa lorsqu'il a appris ça. Même les JO, qui sont à la base un événement mondial, tournent à l'heure américaine aujourd'hui !

Là encore, il n'a pas tort. Mais moi, je ne suis pas là pour faire de la politique. Je suis là pour gagner. L'important : bien s'oxygéner. Inspirer à fond, souffler lentement. Sautiller, remuer les épaules. Gaffe aux bibelots sur les étagères. À l'appel de son nom, Hugues se présente à la caméra. Il arbore un tout petit sourire, mais je parie qu'au fond il est gonflé à bloc. Moi, en tout cas, je le suis.

Au vu des résultats de la première demi-finale, Sophie Kamoun se montre confiante. Christophe Bureau, son compère à l'antenne, prédit en revanche une seconde demi plus relevée. Pas grave, tout ça, Hugues et moi on ne doute de rien ! Le starter ordonne de monter sur les plots. « À vos marques ! » J'inspire à fond. C'est parti ! Pendant la coulée, je suis très concentré, confiant, bien dans mon épreuve. Mes yeux demeurent grands ouverts, ma langue bien déroulée. Autour de nous, ça démarre vite mais je ne m'affole pas. Au septième mouvement, l'interphone retentit. Hugues poursuit. Je décroche encore !

– Ouvre, Ju ! J'ai oublié un truc ! lance papa, essoufflé.

J'ai à peine le temps d'ouvrir la porte de l'appartement qu'il surgit au troisième étage, encore plus essoufflé.

– Notre album de mariage ! il lance en me bousculant presque. Brice ne me croit pas quand je lui dis qu'il portait une moustache ce jour-là !

J'entends papa fourrager dans le bureau, feuilleter un album plastifié.

– Ah ! je le savais bien !

Il repasse devant moi, album brandi à bout de bras, descend l'escalier comme un tourbillon.

– C'est Brice qui va le regretter. Un resto, qu'il me doit ! À ce soir, Ju !

La porte de l'immeuble se referme. Je n'en reviens pas : quarante kilomètres aller-retour pour une histoire de moustache ! Certains jours, les gamineries des parents vous pourrissent la vie...

J'ai recalé le DVD au début de la demi-finale. Seulement j'ai déjà vécu le départ de cette course, ce qui m'empêche de rentrer complètement dedans. Au sixième mouvement, je déclare forfait, les clignotements me sont tombés dessus, les claquements de langue aussi.

Parfois, j'aimerais me flanquer un bâton entre les dents pour ne plus clapoter et des allumettes entre les paupières pour ne plus cligner !

Je suis resté à l'extérieur de la course. Ça faisait drôle, comme si on m'avait confisqué mon épreuve. À mi-parcours, Hugues vire dans les choux en septième position, comme surpris par mon abandon. Alors – c'est, paraît-il, le propre des champions – il se ressaisit et, mètre après mètre, de son mouvement ample et puissant, comble son retard dans la deuxième longueur pour se qualifier en finale sans aucun souci. Tant mieux pour lui, tant pis pour moi...

Ce soir, à table, l'ambiance a été chaude.

Début très banal : maman fait semblant de s'intéresser à Pékin.

– Alors, mon chou, quel bilan aujourd'hui ? Il a gagné, Dubuc ?

– Duboscq !... La finale, c'est cette nuit. Il vise le bronze.

Papa, perdu dans sa mastication rêveuse, laisse traîner une oreille. La bouche à moitié pleine, il crachote une remarque assassine :

– Typiquement français, ça ! « Viser le bronze... » Tant qu'ils n'auront pas d'ambition, tes sportifs ne pourront rien faire ! Tu veux que je te dise, ton Dubix, il va finir bon dernier de sa finale !

– Et le « petit Bernard » ? demande maman, qui l'a connu tout gamin.

– Pas encore nagé. Il se met à l'eau bientôt avec le relais quatre fois 100 mètres nage libre.

– Alors celui-là, reprend papa entre deux bouchées, c'est vraiment monsieur Gonflette ! Vous avez vu les épaules qu'il se paye ?

Un classique chez lui : quand les Français perdent, c'est qu'ils manquent d'ambition, et quand ils gagnent, c'est qu'ils sont dopés ! Papa est trop intelligent pour comprendre les choses simples : il en arrive à s'étonner qu'un sportif entraîné cinq heures par jour soit musclé...

– Jaloux ! lance maman, malicieuse. Tu dis ça parce que tu as la musculature d'une serpillière !

– Parfaitement. Et j'en suis fier ! Vive les serpillières !

Quand ils se taquinent, mes parents ressemblent à des gamins. Ça se termine toujours par un smack tout baveux qui explose dans le salon comme une bulle de savon.

Lundi 11 août

J'ai passé la matinée à récurer la salle de bains, à astiquer les vitres et à aspirer la poussière. Ce genre d'activités m'aide à emmagasiner de la concentration pour les choses sérieuses. C'est aujourd'hui le premier grand moment de vérité : finale du 100 brasse. Une médaille en point de mire pour Hugues ; pour moi, une victoire sur mes singeries.

Une fois le ménage et le repas expédiés, plus rien ne s'opposait à ce que je m'installe enfin devant la télé.

Plus rien?

Si.

Louis.

L'interphone a sonné juste avant que j'appuie sur le bouton *play* du lecteur DVD.

– Julien ? Tu peux m'ouvrir, vite ?

J'ai ouvert. Quinze secondes plus tard, il s'engouffrait dans l'appartement comme un voleur.

– Salut. T'es seul ?

– Oui. Qu'est-ce qui t'arrive ?

– J'ai faussé compagnie à ma grand-mère pendant sa sieste. Je mourais d'envie de voir les Jeux.

– Bon, ben, viens.

Je l'ai fait entrer dans le salon. Ça m'embêtait qu'il soit là. Sa présence risquait de perturber ma préparation psychologique.

– Tu crois qu'il a des chances, Duboscq ?

– Selon mon père, aucune. Mais il ne comprend rien à la natation.

Au moins, ce qui me rassurait avec Louis, c'est qu'il ne risquait pas de me donner les résultats...

J'ai (enfin !) appuyé sur *play*. Les commentaires de Christophe Bureau et Sophie Kamoun ont pétillé d'enthousiasme, promettant un suspense de tous les diables. Un coup d'œil du côté de Louis m'a renseigné sur son état psychologique :

il se rongeait les ongles en fixant l'écran à le trouer du regard. Preuve que je n'étais pas le seul à manifester physiquement mon anxiété. Paradoxalement, cette pensée a décuplé ma motivation. Qu'importait la présence de Louis ? Durant ce 100 mètres brasse, je serais aux prises avec moi-même, et l'objectif était clair : zéro clignotement, zéro clapotement.

Hugues paraissait confiant, lui aussi. N'en déplaise à papa, ce gars-là n'était pas venu ici pour jouer les figurants. Il voulait une médaille et il ferait tout pour l'avoir. Ça me réconfortait qu'un type comme lui m'accompagne dans mon épreuve.

Aux ordres du starter, les nageurs ont pris position sur les plots. Coup de sifflet. Temps de réaction impeccable. Longue coulée, attaque de nage puissante. Hugues est dans le coup, je respire au rythme de ses mouvements. À sa droite, le Japonais Kitajima et le Norvégien Dale Oen ont emballé la course, mais Hugues ne s'affole pas, moi non plus. À mi-parcours, je n'ai pas encore cligné de l'œil ni remué les épaules ; je contrôle, seconde coulée très fluide, reprise de nage vigoureuse et amorce d'accélération dans la deuxième longueur de bassin, mes yeux tiennent bon, ma langue aussi, ne pas se précipiter, conserver de l'amplitude, Kitajima est en train de construire un avantage décisif, le Norvégien maintient son avance sur Hugues, mais la médaille de bronze est accessible, aucun clignotement, menton bien souple, surtout ne pas rater l'arrivée sur le mur, je ne remue pas les épaules, plus que cinq mètres, je ne clapote pas, plus que deux mètres, toucher dans le mouvement parfait...

Record du monde pour Kitajima ! Médaille de bronze pour Hugues et nouveau record de France !

– Ouaouh ! Il l'a fait ! barrit Louis.

Je m'effondre sur le canapé, épuisé mais heureux : l'autre Julien est KO. C'est une victoire totale pour moi et une médaille olympique pour Hugues.

Louis aurait bien regardé avec moi l'enregistrement de la course suivante : la finale du relais quatre fois 100 mètres nage libre, autre gros enjeu pour l'équipe de France et, surtout, première apparition à l'écran de notre Aubagnais favori, Alain Bernard. Mais il a préféré assurer : sa grand-mère risquait de se réveiller.

Je lui ai fait signe depuis la fenêtre. J'ai longtemps suivi des yeux sa silhouette dégingandée, histoire d'être bien sûr qu'il ne risquait pas de revenir chercher un truc pendant que je visionnais la finale du relais. J'allais refermer la fenêtre quand une voiture est passée, vitres baissées, radio à fond, comme un cirque rameutant le public avec son haut-parleur :

... de bon augure pour la natation française : la médaille d'argent du relais tricolore...

Après avoir refermé la fenêtre, j'ai clignoté de frustration pendant au moins un quart d'heure.

Mardi 12 août

Après-midi très mauvais.

J'ai été obligé d'assister aux finales du jour en compagnie de tonton et tata Balbo, de passage dans le coin.

– On a rencontré ta mère en ville, Juju, a gloussé tata en me tendant un carambar. Elle nous a dit que t'étais seul à la maison.

– Il paraît que tu l'as embobinée pour qu'elle te laisse devant la télé ? a ricané tonton en me posant sa grosse paluche sur l'épaule. Bravo, mon grand ! Qu'est-ce que tu regardes de beau ?

– Les JO de natation.

– Ah, mais on va regarder ça avec toi ! On a un peu de temps.

Je leur ai servi à boire et j'ai ouvert un paquet de gâteaux. Je ne pouvais pas les mettre dehors sous prétexte de lutte contre les tics, mais ça me faisait royalement suer de les avoir dans les pattes.

J'ai donc enduré la compagnie de tonton et tata Balbo pendant la finale du 100 dos dames. Et assisté, impuissant, à la défaite de Laure Manaudou. La meilleure nageuse française de tous les temps est en train de louper ses Jeux. Après sa huitième place du 400 nage libre, la voici septième du 100 dos.

– C'est tant pis pour sa gueule ! a commenté tonton en couvrant la voix de Sophie Kamoun.

– Ouais, elle a rien dans la tête, cette fille, a renchéri tata.

Comme si Laure Manaudou leur devait quelque chose ! Elle qui a remporté les jeux Olympiques d'Athènes, les championnats du monde de Montréal, puis ceux de Melbourne, les championnats d'Europe de Budapest et d'Eindhoven... elle a peut-être le droit de se planter une fois, non ? Tonton et tata Balbo jugent le monde à travers le filtre du petit écran, oubliant que ceux qui apparaissent à l'intérieur sont mille fois meilleurs qu'eux.

Moi, je suis juste triste. Pour Laure Manaudou et pour moi. Parce que, avec tout ça, je n'ai même pas essayé de lutter contre les tics aujourd'hui.

Dîner carrément pourri ce soir. Maman regrette de m'avoir autorisé la télé.

– Toi, t'as pas l'air de péter la forme.

– C'est pas faux, a renchéri papa, t'es pâle comme un yaourt.

– Rien d'étonnant, tu restes tout le temps enfermé ! a déclaré maman d'un ton définitif.

– Une vraie moniale ! a encore renchéri papa sans prendre la peine de m'expliquer ce que c'était.

Je n'avais pas mis le nez dehors depuis l'avant-veille, certes. Mais ces deux malheureux jours à la maison ne m'avaient quand même pas enlevé à eux seuls toutes mes couleurs !

– Il va falloir changer ça, a poursuivi maman.

Papa s'est arrêté de renchérir. Il s'est resservi de mon troisième gratin de pommes de terre puis s'est plongé dans de nouvelles réflexions masticatoires. Sa façon à lui de s'abstraire de la conversation commune.

– Mais tu m'as promis ! j'ai protesté en regardant maman.

– Julien, écoute-moi. Je ne t'empêche pas de visionner ce que tu enregistres. Ce que je ne veux pas, c'est que tu restes enfermé en permanence. Demain matin, tu me feras le plaisir d'aller au moins acheter le pain.

À la fin du repas, papa s'est approché de moi et il m'a murmuré à l'oreille :

– Délicieux, ton gratin, Ju !

En général, j'ai du mal à saisir le second degré chez lui. Mais là, il y avait un indice : le « Ju » à la fin de sa phrase. Quand papa rajoute cette particule, c'est qu'il a décidé de me témoigner un peu d'affection.

« Ju »... une syllabe précieuse pour décrypter l'ironie de mon père.

Mercredi 13 août

Ce matin, le nouveau programme de maman entre en vigueur. Pour redonner un peu de rose à mes joues, je dois crapahuter jusqu'à la boulangerie de la ZAC alors qu'il y en a une à cinq cents mètres.

– Pas assez loin ! a décrété maman. Il faut que tu marches au grand air, mon poussin.

Alors, pour quelques rayons de soleil, je traverse un parcours piégé où devant chaque immeuble des gens vont et viennent, s'apostrophent... et risquent de dévoiler les résultats des courses que je ne connais pas encore !

En temps ordinaire, on parle rarement natation dans la rue. Mais aujourd'hui, à Aubagne, à l'heure où un Aubagnais a nagé une demi-finale olympique...

Je n'ai pas emporté les boules Quiès parce que trop de monde me connaît dans le quartier. On me traiterait de « fierté », ce qui n'arrangerait guère ma réputation.

Je baisse les yeux. J'évite les groupes qui bavardent au pied des tours de béton. Je marche en raclant le sol avec mes semelles pour m'isoler un peu des conversations avec mon propre bruit.

À la boulangerie, problème : cinq personnes attendent sur la file de gauche, quatre sur celle de droite. Autant de conversations en puissance qui risquent de révéler le résultat.

C'est venu tout seul. Mes auriculaires se sont fichés dans mes oreilles, je me gratte vigoureusement comme si je sortais de la piscine et que j'avais de l'eau plein les tympans. Lorsque mon tour arrive, je pointe le menton vers la baguette que je désire, sans arrêter de me grattouiller. Il faut quand même que je débouche une oreille pour tendre l'argent et emporter la marchandise. Heureusement, je n'entends rien concernant la demi-finale d'Alain Bernard. Ce que j'entends, en revanche, provient de la bouche d'un garçon du collège :

– Son nouveau tic... Maintenant, on l'appellera « le sapin aux oreilles qui grattent »...

Quand on observe les champions de près, on s'aperçoit qu'ils ont presque tous des tics et des manies.

En tennis, on trouve de beaux spécimens : Rafael Nadal, lors de la pause, replace ses bouteilles de boisson énergétique à un endroit précis connu de lui seul, une sorte de point géodésique idéal qui lui permettra d'attirer sur lui toutes les faveurs de la Victoire. Et puis il tire sur son slip avant chaque nouvel engagement. Ce n'est pas très gracieux mais ça semble lui réussir. Novak Djokovic, lui, fait rebondir dix-sept fois la balle avant de servir. Un tic qui a au moins l'avantage d'énerver ses adversaires.

En natation, nous avons Michael Phelps, le meilleur nageur de la planète, et ce que Christophe Bureau appelle le «cérémonial de Phelps»: étirement de jambe contre le plot, puis tape dans les mains, puis trois mouvements de bras devant derrière et enfin étirements des épaules juste avant le départ.

Alain Bernard, lui, est plus discret. Ou plus classique. Il se contente d'essuyer son plot avec une serviette afin de ne pas glisser au plongeon. Ce n'est même pas sûr que ce soit un tic et il n'est pas seul à le faire.

Les tics des champions disparaissent dans l'effort, comme s'ils les déposaient au vestiaire afin de se sentir plus légers.

C'est une sorte de petite religion. Des rites sacrés qu'il faut accomplir sous peine d'être puni par un dieu ou un diable... Est-ce que les champions ont eux aussi une «moitié» qui les enquiquine?

À quatorze heures, la petite patte d'oiseau de Louis gratte à ma porte. Je lui ouvre.

– Ça y est, ta grand-mère dort ?

– Comme un bébé. Allez, grouille ! Allume la télé !

Oui, mieux vaut ne pas traîner. La grand-mère dort peut-être comme un bébé mais, si elle découvre l'absence de Louis, elle se montrera certainement plus redoutable qu'un nourrisson...

On s'installe à nos postes respectifs devant l'écran. Louis avec ses ongles dans la bouche et moi, détendu, la respiration régulière. Les concurrents de la première demi-finale du 100 mètres nage libre se présentent. Alain, ligne cinq, arbore un sourire crispé mais je suis sûr qu'au fond, tout au fond, il a le mental aussi solide qu'un bloc d'acier.

Départ en trombe pour Alain et pour moi, qui compte bien cette fois encore laisser le Julien pénible au fond de l'eau. Louis ronge à bloc, je maintiens mon calme, Alain assure le spectacle. En tête au virage devant le Suédois Nystrand, il accentue encore son avance dans la deuxième longueur. Et là, tout s'emballe. L'autre Julien se rebelle, les paupières me chatouillent mais je ne cède pas, je maintiens mes yeux grands ouverts, Louis trépigne, il sort les ongles de sa bouche pour se taper sur les cuisses :

– Vas-y, Alain, t'es un bon !

« Il est parti pour faire un énorme chrono ! » lui répond Sophie Kamoun. *Finish* dévastateur sans cligner une seule fois de l'œil, Nystrand ne peut pas réagir, l'autre Julien non plus, Sophie Kamoun exulte : « Super, il peut le faire ! », mon menton n'a pas bronché, mes épaules sont bien en ligne, Alain sourit, Sophie Kamoun pousse un « Houuu ! » rauque, Christophe Bureau s'égosille :

«Quarante-sept secondes vingt centièmes. Record du monde !!!» Alain sourit toujours, il fait signe au clan français en liesse dans les tribunes, Louis porte encore une fois les mains à sa bouche, mais c'est pour siffler entre ses doigts. Je respire enfin, convaincu d'avoir assené une grande claque à mon problème.

Court moment d'euphorie. Alain et moi on a remporté notre épreuve, certes, mais Eamon Sullivan, l'Australien, ancien détenteur du record du monde, s'avance pour la seconde demi-finale. Attention ! Un gaillard de sa trempe ne perd pas son bien sans riposter. Ce coup-ci, je serai simple spectateur. Personne ne peut enchaîner deux courses à un tel niveau.

Excellent départ de Sullivan. L'Australien, avec son bonnet jaune, fait cavalier seul, la voix de Christophe Bureau devient très rauque dans la deuxième longueur, puis explose comme un volcan enroué : «Quarante-sept secondes cinq centièmes ! Record du monde battu !» «Oh ! oh !» glousse Sophie Kamoun, sans qu'on puisse identifier si c'est de l'admiration ou du dépit.

Le nouveau record du monde d'Alain Bernard aura tenu cinq minutes. Suffisant, après tout, pour graver son nom sur les tablettes. Ce qui importe maintenant, c'est de remporter la finale. Je ne sais plus qui a dit, ces derniers jours : « Un record du monde, ça ne dure jamais ; la victoire olympique, quant à elle, existe pour l'éternité. »

Bizarrement, Louis semble abattu.

– Hé, fais pas cette tête-là ! je lance en lui tapant sur l'épaule. Il a pas encore perdu, le « petit Bernard ».

– J'espère bien ! souffle mon camarade en relevant la tête. C'est pas ça, le problème.

– Alors c'est quoi ?

– Cette finale, j'ai envie de la voir ! Et en direct...

En disant ça, il me regarde fixement, avec des yeux un peu fous. Comme dans les films à suspense, au moment où un personnage a l'illumination d'un plan diabolique...

23h25

Papa scrute l'ordi depuis environ trois heures. Vissé sur son siège, écouteurs sur les oreilles, il se remplit la tête de bidules téléchargés au petit bonheur de la toile.

À vingt-deux heures trente, maman est allée soulever ses écouteurs pour lui dire :

– Je me couche !

Il a répondu :

– J'arrive tout de suite !

Comme d'habitude.

Il faudrait qu'il active, vraiment, parce que, dans une heure, Louis va débarquer.

23 h 55

En allant vérifier si papa ne ronfle pas devant l'ordi, je découvre une chose incroyable : il est en train de visionner une interview de Denis Auguin, l'entraîneur d'Alain Bernard ! Je n'entends aucun mot, bien sûr, mais pas de doute : c'est bien le coach de notre champion, avec sa bouille sympathique mais ferme. Je suis scotché. Papa en train de visionner une interview de Denis Auguin à vingt-trois heures cinquante-cinq !

0 h 10

La porte des parents s'est refermée. Je prie pour que papa s'endorme vite.

0 h 30

L'oreille collée contre l'écouteur de l'interphone, j'entends des pas furtifs en bas de l'immeuble. La voix de Louis chuchote :

– Julien, t'es là ?

– Oui. Monte !

J'actionne l'ouverture automatique. Ça fait un petit CLIC ! en bas, qui résonne comme un énorme CLAC ! dans le silence du quartier endormi.

– T'as l'air tout stressé ! souffle Louis une fois que j'ai refermé, avec mille précautions, la porte de ma chambre.

Il y a de quoi, non? Outre la finale du 100 mètres nage libre qui approche, les parents peuvent débarquer à tout moment.

– Toi, par contre, t'es plutôt zen pour un fugueur.

– Julien, j'ai jamais été aussi heureux de ma vie ! L'aventure en pleine nuit pour assister à une finale de rêve chez un super-pote. D'autres seraient jaloux !

Histoire de tuer le temps jusqu'à la finale, on se met à l'aise : Louis confortablement installé sur mon lit, bras en croix, regard d'extase fixé au plafond, et moi calé dans la loveuse en osier.

– Tu crois qu'il a des chances de remporter la finale ?

– *Fifty fifty.*

– Moi pareil. Sullivan est allé plus vite en demi, mais il aura une pression énorme. Cette fois-ci, tout se jouera dans la tête.

Moi, en tout cas, je le sens bien, ce 100 mètres. Aucun clignement pendant environ quarante-sept secondes olympiques, et je pourrai dire à ma « moitié » encombrante, en la regardant droit dans les yeux :

– J'ai plus peur de toi ! T'as perdu.

L'heure avance. Louis se ronge les ongles. Il ressemble à un rat, embusqué derrière ses pattes. Nous ne parlons plus. Le silence prend possession de l'espace. J'ai l'impression de percevoir la respiration calme des parents dans leur chambre, les infimes craquements des meubles et des mouvements étouffés dans les appartements voisins. Autour de nous, l'immeuble vit sa vie d'immeuble. Groucho miaule après une souris ou un rat, on entend au loin le sifflement des trains de nuit dans la vallée de l'Huveaune et quelque véhicule attardé entre Aubagne et Marseille.

J'ai dû m'assoupir parce que j'ai rêvé que Groucho s'introduisait dans ma chambre et avalait Louis tout cru.

Sur mon lit, mon camarade dort en ronflotant. Je le réveille, craignant que les parents ne l'entendent.

– C'est quelle heure ? il demande, la voix pâteuse.

– Quatre heures moins le quart.

– Punaise ! Plus qu'une heure !

Aussitôt, sa main se porte à sa bouche, il recommence à ronger. Moi, je me sens serein. La proximité de l'épreuve la plus stressante de ma semaine olympique ne m'effraie pas. Au contraire. Je n'attends que ça.

04h35

Sortis de ma chambre sur la pointe des pieds, on progresse dans le couloir, ramassés sur nous-mêmes comme des Indiens de dessin animé.

Quelque chose ne colle pas, je le dis à Louis.

– T'entends cette musique ?

– Oui. Peut-être un voisin qui se lève tôt et qui a mis son radio-réveil...

– Non. Ça vient du salon, j'en suis sûr.

À mesure qu'on avance, les sons se précisent. Je connais la musique pour l'avoir entendue des dizaines de fois ces derniers jours : c'est une pub à la télé. Une pub pour la marque Arena. Un nageur plonge dans un bassin désert, où il se transforme en balle de revolver pour effectuer sa distance à une vitesse supersonique. Ensuite il ressort, ayant retrouvé apparence humaine, ôte ses lunettes et s'en va d'une démarche tranquille, pas essoufflé pour deux sous. La pub qui passe sur Eurosport entre deux épreuves olympiques de natation !

– C'est mon père ! je souffle, après avoir jeté un œil par l'entrebâillement de la porte du salon.

Je ne parviens pas à déterminer ce qui m'étonne le plus : que papa soit réveillé à quatre heures et demie du matin ou qu'il regarde les JO !

– Tu peux entrer, Ju... Je te mangerai pas !

Comment a-t-il deviné ? Sans doute un craquement ou alors mon reflet dans la télé. Je m'avance. Louis reste en retrait dans l'obscurité. Sur la petite table d'apéro devant le canapé sont posés deux verres : un de whisky et un de jus de banane. Comme si papa m'attendait !

– À la tienne, Ju ! il fait en me tendant le jus de banane. Tu t'assieds pas ?

– Ben... en fait... je suis pas seul.

Cette fois, c'est lui qui est surpris.

– Ton frère est rentré de voyage ?

Il se lève, se dirige vers l'entrée du salon.

– Michel ? Tu es là ?

Il s'enfonce dans l'obscurité du couloir. Plus un bruit. Là, je pense que Louis s'est carapaté. Il doit courir dans la nuit pour rentrer chez lui, furieux de louper la finale du 100 libre.

Et puis papa revient, l'air hébété, suivi d'un Louis tout penaud. Mon père se laisse tomber sur son fauteuil. Louis et moi, on s'assied sur le canapé, le plus légèrement possible, comme si on espérait faire oublier notre présence.

Au bout d'un long moment, papa se secoue. Il pousse un soupir et il tape dans ses mains :

– Bon, ben, il reste une seule chose à faire : regarder la finale et raccompagner Louis, en espérant que ses parents n'auront pas alerté la police !

04h44

Les concurrents se préparent, Sophie Kamoun et Christophe Bureau affûtent leurs commentaires. Le suspense monte, pareil à un nuage de fumée dans la pièce. Papa fixe l'écran comme s'il guettait l'apparition du Messie, Louis a porté ce qu'il lui reste d'ongles à sa bouche et moi je me concentre sur les battements de mon cœur. Durant quelques secondes, les commentateurs retiennent leur souffle. C'est à ce moment qu'on entend, dans la chambre des parents, une petite sonnerie électronique.

– Tiens, le réveil de maman ! s'étonne papa.

Peu après, un chuchotement de pantoufles nous parvient depuis le couloir. Et puis maman entre, en finissant de nouer sa robe de chambre.

– Heureusement que j'ai mis mon réveil. Il n'y en a pas un qui serait venu me chercher !

– On croyait que tu t'intéressais pas à la natation ! se défend papa.

– Mauvaises langues ! J'allais pas louper le 100 mètres dos du « petit Bernard » !

Elle s'assied à côté de Louis, lui tapote la joue.

– En voici un qui n'était pas là hier soir... Tes parents sont au courant?

Papa nous demande de nous taire. Les nageurs sortent de la chambre d'appel.

«C'est l'heure des braves! L'heure des hommes forts! L'heure des sprinteurs!» martèlent les phrases chocs de Christophe Bureau.

Le premier concurrent, le jeune Brésilien Cesar Cielo, se signe puis avance d'un pas résolu. Les autres lui emboîtent le pas, d'une démarche élastique, en moulinant des bras pour se décontracter. Louis ronge de plus en plus frénétiquement ses moignons de doigts. Eamon Sullivan a revêtu des gants afin de maintenir ses mains au chaud. Papa et maman respirent à petits coups. Je suis peut-être le plus zen ici, motivé à bloc pour maintenir mon côté obscur au fond de l'eau et le noyer. C'est à peine si j'entends Christophe Bureau qui fait monter la sauce: «... le visage un petit peu fermé d'Alain...» Puis celle de Sophie Kamoun, très lointaine: «... pour les quarante-sept secondes les plus importantes de sa vie!» Elle parle d'un combat de boxe, je crois. C'est en tout cas l'image que je retiens, celle qui s'imprime très profondément dans mon crâne. Mes pensées flottent un peu, je me vois avec les gants de Sullivan, triomphant du Julien maniaque qui agonise à mes pieds sur le tapis du salon.

« Excellent départ de Sullivan ! » annonce Christophe Bureau, et je suis aussitôt rivé au bonnet blanc du Français. « Alain est bien, il contrôle ! » proclame Sophie Kamoun. « Il ne s'emballe pas ! » Moi non plus ; serein comme jamais, je reste à fond concentré sur mon objectif. « Attention ! Attention ! » tremble Sophie. Sullivan vire en tête à mi-parcours. Pas de panique, je ne me désunis pas, reste maître de ma course. Seuls papa, maman et Louis transpirent comme jamais. « Allez, Alain ! Il est dans le coup, là, pour le titre olympique ! » (Christophe Bureau). Papa se lève, maman halète comme une locomotive, Louis ronge le col de son tee-shirt. « Allez ! Il passe ! Il passe ! Il passe ! » (Sophie Kamoun). Tranquilles comme Basile, Alain et moi on achève notre épreuve en apothéose. Christophe Bureau explose, voix plus rauque que jamais. Sophie Kamoun lance un mot tellement vibrant qu'il demeure incompréhensible, entre « Astronomique ! » et « Historique ! » ou peut-être un mélange des deux. À moins que ce ne soit : « À bas les tics ! » Je ne sais plus bien, je sais seulement qu'au moment où papa se rassied, où maman l'embrasse et où Louis lève un poing rageur vers le ciel, Alain Bernard pointe un index victorieux dans ma direction, comme pour m'associer à son succès. Mes paupières demeurent fermement ouvertes et mes épaules ne bronchent pas. Dans le fond de mon crâne, l'autre Julien ne ricane plus. Il sanglote. Je suis bien. Je crois que je pourrais m'endormir là.

Papa me secoue.

– Ju ! Je raccompagne Louis.

En disant ça, il me regarde d'un drôle d'air. Il ouvre la bouche comme pour ajouter quelque chose, mais ne dit rien.

Louis aussi me regarde bizarrement. Comme s'il me voyait pour la première fois. Il me salue en me regardant droit dans les yeux, longtemps.

L'escalier les a engloutis. J'entends leurs pas décroître dans le silence de l'immeuble. Maman me pousse vers ma chambre.

– Allez, ouste ! Au lit, maintenant. Il est cinq heures du matin.

Avant de tirer la porte, elle m'observe soudain très attentivement. Elle adopte le même air que Louis et papa. Et puis, comme je soutiens bravement son regard sans clignoter une seule fois, elle comprend. Elle comprend ce qui a changé aujourd'hui.

Un sourire se dessine sur ses lèvres juste avant que la porte se referme.

L'auteur

Né à Oran en 1971, Roland Fuentès a passé son enfance en Algérie et sa jeunesse en Provence. Il a enseigné l'allemand à mi-temps pendant dix ans, employant l'autre partie de son temps à écrire des nouvelles et des romans, d'abord pour adultes – entre autres *Douze Mètres Cubes de littérature* (éd. du Rocher, 2003, prix Prométhée de la nouvelle), *La Bresse dans les pédales* (Nykta, 2005), *Le Passeur d'éternité* (Les 400 coups, 2007) – puis pour la jeunesse. Depuis 2007, il se consacre entièrement à l'écriture.

Du même auteur

Aux éditions Syros :

L'Échange, coll. « Tempo », 2007

Tonton Zéro, coll. « Mini Syros Romans », 2008

Les Voleurs de vent, coll. « Les uns les autres », 2008

Un écrivain à la maison, coll. « Tempo », 2010

La Balle de match, coll. « Mini Syros Romans », 2011

Au bord de la ville, hors-série, 2011

Un écrivain dans le jardin, coll. « Tempo », 2013

Dépêche-toi, tonton !, coll. « Mini Syros Romans », 2013

Retrouvez *Tonton Zéro* et *La Tondeuse à gazon* dans « Dix petits drôles », recueil hors-série, 2008

Chez d'autres éditeurs :

Charlepogne et Poilenfrac (illustré par Olivier Tallec), éd. Le Baron Perché, 2007

Un amour sur mesure (illustré par Marjorie Pourchet), éd. Nathan, 2008

Le Tonneau volant (illustré par Pauline Duhamel), éd. Rageot, 2009

La Dédicace, éd. Cornelsen, 2009

L'Arbre à chatouilles (illustré par Florian Thouret), éd. Rageot, 2009

Le Bureau des mots perdus (illustré par Benjamin Adam), éd. Nathan, 2010

L'Enfant qui n'avait pas de nom (illustré par Raphaëlle Michaud), éd. Rageot, 2011

Monsieur Cabosse (illustré par Pascal Lemaître), éd. Nathan, 2012

Au royaume des moustaches (illustré par Vincent Wagner), éd. Rageot, 2012

Dans la collection
tempo

La Guerre d'Éliane
Philippe Barbeau

Le Rêve d'Éliane
Philippe Barbeau

Cher cousin caché...
Dominique Brisson

Gros sur la tomate
Dominique Brisson

On dirait le Sud
Dominique Brisson

Un petit quelque chose de différent
Éléonore Faucher

L'Échange
Roland Fuentès

Un écrivain à la maison
Roland Fuentès

Un écrivain dans le jardin
Roland Fuentès

Tics olympiques
Roland Fuentès

L'Heure des chats
Myriam Gallot

J'habite en bas du ciel
Bruno Gibert

C'était mon oncle !
Yves Grevet

Jacquot et le grand-père indigne
Yves Grevet

Bons Baisers de Kabylie
Achmy Halley

Un arbre pour Marie
Yaël Hassan

Momo, petit prince des Bleuets
Yaël Hassan

Momo des Coquelicots
Yaël Hassan

Des lauriers pour Momo
Yaël Hassan

Deux Mains pour le dire
Didier Jean et Zad

La Roue
Sandrine Kao

Ma mère est une étoile
Marie Leymarie

Mon Vaisseau te mènera jeudi sur un nuage
Marcus Malte

Les Champignons de Paris
Hervé Mestron

Le Violoncelle poilu
Hervé Mestron

Un violon dans les jambes
Hervé Mestron

Ski me plaît
Daniel Meynard

Taourama et le lagon bleu
Janine Teisson

Dans la collection
tempo+

Un cactus à Versailles
Maïté Bernard

Trois Baisers
Maïté Bernard

La Fille du canal
Thierry Lenain

Un pacte avec le diable
Thierry Lenain

L'Échelle de Glasgow
Marcus Malte

L'Absente
Claire Mazard

Le Cahier rouge
Claire Mazard

Les Ailes
de la contrebasse
Hervé Mestron

Enterrement
d'une vie de cancre
Hervé Mestron

Soupçons
Hervé Mestron

Au cinéma Lux
Janine Teisson

Les Rois de l'horizon
Janine Teisson

Le Tigre
dans la vitrine
Alki Zèi

Loi n° 49 956 du 16 juillet 1949
sur les publications destinées à la jeunesse

Mise en pages : DV Arts Graphiques à La Rochelle
N° d'éditeur : 10191511 – Dépôt légal : février 2013
Imprimé en France par Jouve. N° 205292S

IMPRIM'VERT
MIXTE
Papier issu de sources responsables
FSC® C022030
www.fsc.org